LAFA

CW01646789

Le Droit à la paresse

Avec une postface de
Gigi Bergamin

ÉDITIONS MILLE ET UNE NUITS

Texte intégral.

Illustrations pages 5, 60, 66 et 73 : Frantz Rey
Illustration de couverture : Félix Vallotton, *La Paresse*, 1896
Couverture : Cédric Parisot

www.fayard.fr/mille-et-une-nuits

ISBN : 978-2-755-50760-7

Sommaire

LAFARGUE

Le Droit à la paresse

Le Droit à la paresse

Avant-propos

M. Thiers, dans le sein de la Commission sur l'instruction primaire de 1849, disait : « Je veux rendre toute-puissante l'influence du clergé, parce que je compte sur lui pour propager cette bonne philosophie qui apprend à l'homme qu'il est ici-bas pour souffrir et non cette autre philosophie qui dit au contraire à l'homme : "Jouis". » M. Thiers formulait la morale de la classe bourgeoise dont il incarna l'égoïsme féroce et l'intelligence étroite.

La bourgeoisie, alors qu'elle luttait contre la noblesse, soutenue par le clergé, arbora le libre examen et l'athéisme ; mais, triomphante, elle changea de ton et d'allure ; et, aujourd'hui, elle entend étayer de la religion sa suprématie économique et politique. Aux XVe et XVIe siècles, elle avait allégrement repris la tradition païenne et glorifiait la chair et ses passions, réprouvées par le christianisme ; de nos jours, gorgée de biens et de jouissances, elle renie les enseignements de ses penseurs, les Rabelais, les Diderot, et prêche l'abstinence aux salariés. La morale capitaliste, piteuse parodie de la morale chrétienne, frappe d'anathème la chair du travailleur ; elle prend pour idéal de réduire le producteur au plus petit minimum de besoins, de supprimer ses joies et ses passions et de le condamner au rôle de machine délivrant du travail sans trêve ni merci.

Les socialistes révolutionnaires ont à recommencer le combat qu'ont combattu les philosophes et les pamphlétaires de la bourgeoisie ; ils ont à monter à l'assaut de la morale et des théories sociales du capitalisme ; ils ont à démolir, dans les têtes de la classe appelée à l'action, les préjugés semés par la classe régnante ; ils ont à proclamer, à la face des cafards de toutes les morales, que la terre cessera d'être la vallée de larmes du travailleur ; que, dans la société communiste de l'avenir que nous fonderons « pacifiquement si possible, sinon violemment », les passions des hommes auront la bride sur le cou, car « toutes sont bonnes de leur nature, nous n'avons rien à éviter que leur mauvais usage et leurs excès *[1] », et ils ne seront évités que par leur mutuel contrebalancement, que par le développement harmonique de l'organisme humain, car,

* Les notes sont regroupées en fin de texte, pages 61 et suivantes.

dit le Dr Beddoe, « ce n'est que lorsqu'une race atteint son maximum de développement physique qu'elle atteint son plus haut point d'énergie et de vigueur morale ». Telle était aussi l'opinion du grand naturaliste, Charles Darwin[2].

La réfutation du Droit au travail, que je réédite avec quelques notes additionnelles, parut dans *L'Égalité* hebdomadaire de 1880, deuxième série.

P. L.

Prison de Sainte-Pélagie, 1883.

1. Un dogme désastreux

« Paressons en toutes choses, hormis en aimant et en buvant, hormis en paressant. »
Lessing.

Une étrange folie possède les classes ouvrières des nations où règne la civilisation capitaliste. Cette folie traîne à sa suite des misères individuelles et sociales qui, depuis des siècles, torturent la triste humanité. Cette folie est l'amour du travail, la passion moribonde du travail, poussée jusqu'à l'épuisement des forces vitales de l'individu et de sa progéniture. Au lieu de réagir contre cette aberration mentale, les prêtres, les économistes, les moralistes, ont sacro-sanctifié le travail. Hommes aveugles et bornés, ils ont voulu être plus sages que leur Dieu ; hommes faibles et méprisables, ils ont voulu réhabiliter ce que leur Dieu avait maudit. Moi, qui ne professe d'être chrétien, économe et moral, j'en appelle de leur jugement à celui de leur Dieu ; des prédications de leur morale religieuse, économique, libre penseuse, aux épouvantables conséquences du travail dans la société capitaliste.

Dans la société capitaliste, le travail est la cause de toute dégénérescence intellectuelle, de toute déformation organique. Comparez le pur-sang des écuries de Rothschild, servi par une valetaille de bimanes, à la lourde brute des fermes normandes, qui laboure la terre, chariote le fumier, engrange la moisson. Regardez le noble sauvage que les missionnaires du commerce et les commerçants de la religion n'ont pas encore corrompu avec le christianisme, la syphilis et le dogme du travail, et regardez ensuite nos misérables servants de machines[3].

Quand, dans notre Europe civilisée, on veut retrouver une trace de beauté native de l'homme, il faut l'aller chercher chez les nations où les préjugés économiques n'ont pas encore déraciné la haine du travail. L'Espagne, qui, hélas ! dégénère, peut encore se vanter de posséder moins de fabriques que nous de prisons et de casernes ; mais l'artiste se réjouit en admirant le hardi Andalou, brun comme des castagnes, droit et flexible comme une tige d'acier ; et le cœur de l'homme tressaille en entendant le mendiant, superbement drapé dans sa *capa* trouée, traiter d'*amigo* des ducs d'Ossuna. Pour l'Espagnol, chez qui l'animal primitif n'est pas atrophié, le travail est le pire des esclavages[4]. Les Grecs de la grande époque n'avaient, eux aussi, que du mépris pour le travail : aux esclaves seuls il était permis de travailler : l'homme libre ne connaissait que les exercices corporels et les jeux de l'intelligence. C'était aussi le temps où l'on marchait et respirait dans un peuple d'Aristote, de Phidias, d'Aristophane ; c'était le temps où une poignée de braves écrasait à Marathon les hordes de l'Asie qu'Alexandre allait bientôt conquérir. Les philosophes de l'Antiquité enseignaient le mépris du travail, cette dégradation de l'homme libre; les poètes chantaient la paresse, ce présent des Dieux :

O Melibœ, Deus nobis hæc otia fecit[5].

Christ, dans son discours sur la montagne, prêcha la paresse : « Contemplez la croissance des lis des champs, ils ne travaillent ni ne filent, et cependant, je vous le dis, Salomon, dans toute sa gloire, n'a pas été plus brillamment vêtu[6]. »

Jéhovah, le dieu barbu et rébarbatif, donna à ses adorateurs le suprême exemple de la paresse idéale; après six jours de travail, il se reposa pour l'éternité.

Par contre, quelles sont les races pour qui le travail est une nécessité organique ? Les Auvergnats; les Écossais, ces Auvergnats des îles Britanniques ; les Gallegos, ces Auvergnats de l'Espagne; les Poméraniens, ces Auvergnats de l'Allemagne; les Chinois, ces Auvergnats de l'Asie. Dans notre société, quelles sont les classes qui aiment le travail pour le travail? Les paysans propriétaires, les petits bourgeois, les uns courbés sur leurs terres, les autres acoquinés dans leurs boutiques, se remuent comme la taupe dans sa galerie souterraine, et jamais ne se redressent pour regarder à loisir la nature.

Et cependant, le prolétariat, la grande classe qui embrasse tous les producteurs des nations civilisées, la classe qui, en s'émancipant, émancipera l'humanité du travail servile et fera de l'animal humain un être libre, le prolétariat trahissant ses instincts, méconnaissant sa mission historique, s'est laissé pervertir par le dogme du travail. Rude et terrible a été son châtiment. Toutes les misères individuelles et sociales sont nées de sa passion pour le travail.

2. Bénédictions du travail

En 1770 parut, à Londres, un écrit anonyme intitulé : *An Essay on Trade and Commerce*. Il fit à l'époque un certain bruit. Son auteur, grand philanthrope, s'indignait de ce que « la plèbe manufacturière d'Angleterre s'était mis dans la tête l'idée fixe qu'en qualité d'Anglais, tous les individus qui la composent ont, par droit de naissance, le privilège d'être plus libres et plus indépendants que les ouvriers de n'importe quel autre pays de l'Europe. Cette idée peut avoir son utilité pour les soldats dont elle stimule la bravoure ; mais moins les ouvriers des manufactures en sont imbus, mieux cela vaut pour eux-mêmes et pour l'État. Des ouvriers ne devraient jamais se tenir pour indépendants de leurs supérieurs. Il est extrêmement dangereux d'encourager de pareils engouements dans un État commercial comme le nôtre, où, peut-être, les sept huitièmes de la population n'ont que peu ou pas de propriété. La cure ne sera pas complète tant que nos pauvres de l'industrie ne se résigneront pas à travailler six jours pour la même somme qu'ils gagnent maintenant en quatre ».

Ainsi, près d'un siècle avant Guizot, on prêchait ouvertement à Londres le travail comme un frein aux nobles passions de l'homme.

« Plus mes peuples travailleront, moins il y aura de

vices, écrivait d'Osterode, le 5 mai 1807, Napoléon. Je suis l'autorité [...] et je serais disposé à ordonner que le dimanche, passé l'heure des offices, les boutiques fussent ouvertes et les ouvriers rendus à leur travail. »

Pour extirper la paresse et courber les sentiments de fierté et d'indépendance qu'elle engendre, l'auteur de l'*Essay on Trade* proposait d'incarcérer les pauvres dans les maisons idéales du travail (*ideal workhouses*) qui deviendraient « des maisons de terreur où l'on ferait travailler quatorze heures par jour, de telle sorte que, le temps des repas soustrait, il resterait douze heures de travail pleines et entières ».

Douze heures de travail par jour, voilà l'idéal des philanthropes et des moralistes du XVIIIe siècle. Que nous avons dépassé ce *nec plus ultra* ! Les ateliers modernes sont devenus des maisons idéales de correction où l'on incarcère les masses ouvrières, où l'on condamne aux travaux forcés pendant douze et quatorze heures, non seulement les hommes, mais les femmes et les enfants[7] ! Et dire que les fils des héros de la Terreur se sont laissé dégrader par la religion du travail au point d'accepter après 1848, comme une conquête révolutionnaire, la loi qui limitait à douze heures le travail dans les fabriques ; ils proclamaient, comme un principe révolutionnaire, le *droit au travail*. Honte au prolétariat français ! Des esclaves seuls eussent été capables d'une telle bassesse. Il faudrait vingt ans de civilisation capitaliste à un Grec des temps héroïques pour concevoir un tel avilissement.

Et si les douleurs du travail forcé, si les tortures de la faim se sont abattues sur le prolétariat, plus nombreuses que les sauterelles de la Bible, c'est lui qui les a appelées.

Ce travail, qu'en juin 1848 les ouvriers réclamaient les armes à la main, ils l'ont imposé à leurs familles ; ils ont livré, aux barons de l'industrie, leurs femmes et leurs enfants. De leurs propres mains, ils ont démoli leur foyer domestique ; de leurs propres mains, ils ont tari le lait de leurs femmes ; les malheureuses, enceintes et allaitant leurs bébés, ont dû aller dans les mines et les manufactures tendre l'échine et épuiser leurs nerfs ; de leurs propres mains, ils ont brisé la vie et la vigueur de leurs enfants. — Honte aux prolétaires ! Où sont ces commères dont parlent nos fabliaux et nos vieux contes, hardies au propos, franches de la gueule, amantes de la dive bouteille ? Où sont ces luronnes, toujours trottant, toujours cuisinant, toujours chantant, toujours semant la vie en engendrant la joie, enfantant sans douleurs des petits sains et vigoureux ?… Nous avons aujourd'hui les filles et les femmes de fabrique, chétives fleurs aux pâles couleurs, au sang sans rutilance, à l'estomac délabré, aux membres alanguis !… Elles n'ont jamais connu le plaisir robuste et ne sauraient raconter gaillardement comment l'on cassa leur coquille ! — Et les enfants ? Douze heures de travail aux enfants. Ô misère ! — Mais tous les Jules Simon de l'Académie des sciences morales et politiques, tous les Germinys de la jésuiterie, n'auraient pu inventer un vice plus abrutissant pour l'intelligence des enfants, plus corrupteur de leurs instincts, plus destructeur de leur organisme que le travail dans l'atmosphère viciée de l'atelier capitaliste.

Notre époque est, dit-on, le siècle du travail ; il est en effet le siècle de la douleur, de la misère et de la corruption.

Et cependant, les philosophes, les économistes bourgeois, depuis le péniblement confus Auguste Comte, jusqu'au ridiculement clair Leroy-Beaulieu ; les gens de lettres bourgeois, depuis le charlatanesquement romantique Victor Hugo, jusqu'au naïvement grotesque Paul de Kock, tous ont entonné les chants nauséabonds en l'honneur du dieu Progrès, le fils aîné du Travail. À les entendre, le bonheur allait régner sur la terre : déjà on en sentait la venue. Ils allaient dans les siècles passés fouiller la poussière et la misère féodales pour rapporter de sombres repoussoirs aux délices des temps présents. – Nous ont-ils fatigués, ces repus, ces satisfaits, naguère encore membres de la domesticité des grands seigneurs, aujourd'hui valets de plume de la bourgeoisie, grassement rentés ; nous ont-ils fatigués avec le paysan du rhétoricien La Bruyère ? Eh bien ! voici le brillant tableau des jouissances prolétariennes en l'an de progrès capitaliste 1840, peint par un des leurs, par le Dr Villermé, membre de l'Institut, le même qui, en 1848, fit partie de cette société de savants (Thiers, Cousin, Passy, Blanqui, l'académicien, en étaient) qui propagea dans les masses les sottises de l'économie et de la morale bourgeoises.

C'est de l'Alsace manufacturière que parle le Dr Villermé, de l'Alsace des Kestner, des Dollfus, ces fleurs de la philanthropie et du républicanisme industriel. Mais avant que le docteur ne dresse devant nous le tableau des misères prolétariennes, écoutons un manufacturier alsacien, M. Th. Mieg, de la maison Dollfus, Mieg et Cie, dépeignant la situation de l'artisan de l'ancienne industrie :

« À Mulhouse, il y a cinquante ans (en 1813, alors que la moderne industrie mécanique naissait), les ouvriers étaient tous enfants du sol, habitant la ville et les villages environnants et possédant presque tous une maison et souvent un petit champ [8]. »

C'était l'âge d'or du travailleur. Mais, alors, l'industrie alsacienne n'inondait pas le monde de ses cotonnades et n'emmillionnait pas ses Dollfus et ses Kœchlin. Mais vingt-cinq ans après, quand Villermé visita l'Alsace, le minotaure moderne, l'atelier capitaliste, avait conquis le pays ; dans sa boulimie de travail humain, il avait arraché les ouvriers de leurs foyers pour mieux les tordre et pour mieux exprimer le travail qu'ils contenaient. C'était par milliers que les ouvriers accouraient au sifflement de la machine.

« Un grand nombre, dit Villermé, cinq mille sur dix-sept mille, étaient contraints, par la cherté des loyers, à se loger dans les villages voisins. Quelques-uns habitaient à deux lieues et quart de la manufacture où ils travaillaient.

» À Mulhouse, à Dornach, le travail commençait à cinq heures du matin et finissait à cinq heures du soir, été comme hiver. [...] Il faut les voir arriver chaque matin en ville et partir chaque soir. Il y a parmi eux une multitude de femmes pâles, maigres, marchant pieds nus au milieu de la boue et qui, à défaut de parapluie, portent, renversés sur la tête, lorsqu'il pleut ou qu'il neige, leurs tabliers ou jupons de dessus pour se préserver la figure et le cou, et un nombre plus considérable de jeunes enfants non moins sales, non moins hâves, couverts de haillons, tout gras de l'huile des métiers qui tombe sur eux pendant qu'ils travaillent. Ces derniers, mieux préservés de la pluie par l'imperméabilité de leurs vêtements, n'ont même pas au bras, comme les femmes dont on vient de parler, un panier où sont les provisions de la journée ; mais ils portent à la main, ou cachent sous leur veste ou comme ils peuvent, le morceau de pain qui doit les nourrir jusqu'à l'heure de leur rentrée à la maison.

» Ainsi, à la fatigue d'une journée démesurément longue, puisqu'elle a au moins quinze heures, vient se joindre pour ces malheureux celle des allées et venues si fréquentes, si pénibles. Il résulte que le soir ils arrivent chez eux accablés par le besoin de dormir, et que le lendemain ils sortent avant d'être complètement reposés pour se trouver à l'atelier à l'heure de l'ouverture. »

Voici maintenant les bouges où s'entassaient ceux qui logeaient en ville :

« J'ai vu à Mulhouse, à Dornach et dans des maisons voisines, de ces misérables logements où deux familles couchaient chacune dans un coin, sur la paille jetée sur le carreau et retenue par deux planches... Cette misère dans laquelle vivent les ouvriers de l'industrie du coton dans le département du Haut-Rhin est si profonde qu'elle produit ce triste résultat que, tandis que dans les familles des fabricants négociants, drapiers, directeurs d'usines, la moitié des enfants atteint la vingt et unième année, cette même moitié cesse d'exister avant deux ans accomplis dans les familles de tisserands et d'ouvriers de filatures de coton. »

Parlant du travail de l'atelier, Villermé ajoute :

« Ce n'est pas là un travail, une tâche, c'est une torture, et on l'inflige à des enfants de six à huit ans. [...]

C'est ce long supplice de tous les jours qui mine principalement les ouvriers dans les filatures de coton. »

Et, à propos de la durée du travail, Villermé observait que les forçats des bagnes ne travaillaient que dix heures, les esclaves des Antilles neuf heures en moyenne, tandis qu'il existait dans la France qui avait fait la Révolution de 89, qui avait proclamé les pompeux Droits de l'homme, des manufactures où la journée était de seize heures, sur lesquelles on accordait aux ouvriers une heure et demie pour les repas[9].

Ô misérable avortement des principes révolutionnaires de la bourgeoisie ! ô lugubre présent de son dieu Progrès ! Les philanthropes acclament bienfaiteurs de l'humanité ceux qui, pour s'enrichir en fainéantant, donnent du travail aux pauvres ; mieux vaudrait semer la peste, empoisonner les sources que d'ériger une fabrique au milieu d'une population rustique. Introduisez le travail de fabrique, et adieu joie, santé, liberté ; adieu tout ce qui fait la vie belle et digne d'être vécue[10].

Et les économistes s'en vont répétant aux ouvriers : Travaillez pour augmenter la fortune sociale ! et cependant un économiste, Destut de Tracy, leur répond :

« Les nations pauvres, c'est là où le peuple est à son aise ; les nations riches, c'est là où il est ordinairement pauvre. »

Et son disciple Cherbuliez de continuer :

« Les travailleurs eux-mêmes, en coopérant à l'accumulation des capitaux productifs, contribuent à l'événement qui, tôt ou tard, doit les priver d'une partie de leur salaire. »

Mais, assourdis et idiotisés par leurs propres hurlements, les économistes de répondre : Travaillez, travaillez toujours pour créer votre bien-être ! Et, au nom de la mansuétude chrétienne, un prêtre de l'Église anglicane, le révérend Townshend, psalmodie : Travaillez, travaillez nuit et jour ; en travaillant, vous faites croître votre misère, et votre misère nous dispense de vous imposer le travail par la force de la loi. L'imposition légale du travail « donne trop de peine, exige trop de violence et fait trop de bruit ; la faim, au contraire, est non seulement une pression paisible, silencieuse, incessante, mais comme le mobile le plus naturel du travail et de l'industrie, elle provoque aussi les efforts les plus puissants ».

Travaillez, travaillez, prolétaires, pour agrandir la fortune sociale et vos misères individuelles, travaillez, travaillez, pour que, devenant plus pauvres, vous ayez plus de raisons de travailler et d'être misérables. Telle est la loi inexorable de la production capitaliste.

Parce que, prêtant l'oreille aux fallacieuses paroles des économistes, les prolétaires se sont livrés corps et âme au vice du travail, ils précipitent la société tout entière dans ces crises industrielles de surproduction qui convulsent l'organisme social. Alors, parce qu'il y a pléthore de marchandises et pénurie d'acheteurs, les ateliers se ferment et la faim cingle les populations ouvrières de son fouet aux mille lanières. Les prolétaires, abrutis par le dogme du travail, ne comprenant pas que le surtravail qu'ils se sont infligé pendant le temps de prétendue prospérité est la cause de leur misère présente, au lieu de courir au grenier à blé et de crier : « Nous avons faim et nous voulons manger !... Vrai, nous n'avons pas un rouge liard, mais tout gueux que nous sommes, c'est nous cependant qui avons moissonné le blé et vendangé le raisin... » Au lieu d'assiéger les magasins de M. Bonnet, de Jujurieux, l'inventeur des couvents industriels, et de clamer : « Monsieur Bonnet, voici vos ouvrières ovalistes, moulineuses, fileuses, tisseuses, elles grelottent sous leurs cotonnades rapetassées à chagriner l'œil d'un juif et, cependant, ce sont elles qui ont filé et tissé les robes de soie des cocottes de toute la chrétienté. Les pauvresses, travaillant treize heures par jour, n'avaient pas le temps de songer à la toilette, maintenant, elles chôment et peuvent faire du frou-frou avec les soieries qu'elles ont ouvrées. Dès qu'elles ont perdu leurs dents de lait, elles se sont dévouées à votre fortune et ont vécu dans l'abstinence ; maintenant, elles ont des loisirs et veulent jouir un peu des fruits de leur travail.

Allons, Monsieur Bonnet, livrez vos soieries, M. Harmel fournira ses mousselines, M. Pouyer-Quertier ses calicots, M. Pinet ses bottines pour leurs chers petits pieds froids et humides... Vêtues de pied en cap et fringantes, elles vous feront plaisir à contempler. Allons, pas de tergiversations — vous êtes l'ami de l'humanité, n'est-ce pas, et chrétien par-dessus le marché ? — Mettez à la disposition de vos ouvrières la fortune qu'elles vous ont édifiée avec la chair de leur chair. Vous êtes ami du commerce ? — Facilitez la circulation des marchandises ; voici des consommateurs tout trouvés ; ouvrez-leur des crédits illimités. Vous êtes bien obligé d'en faire à des négociants que vous ne connaissez ni d'Adam ni d'Ève, qui ne vous ont rien donné, même pas un verre d'eau. Vos ouvrières s'acquitteront comme elles le pourront : si, au jour de l'échéance, elles gambettisent et laissent protester leur signature, vous les mettrez en faillite, et si elles n'ont rien à saisir, vous exigerez qu'elles vous paient en prières : elles vous enverront en paradis, mieux que vos sacs noirs, au nez gorgé de tabac. »

Au lieu de profiter des moments de crise pour une distribution générale des produits et un gaudissement universel, les ouvriers, crevant de faim, s'en vont battre de leur tête les portes de l'atelier. Avec des figures hâves, des corps amaigris, des discours piteux, ils assaillent les fabricants : « Bon M. Chagot, doux M. Schneider, donnez-nous du travail, ce n'est pas la faim, mais la passion du travail qui nous tourmente ! » Et ces misérables, qui ont à peine la force de se tenir debout, vendent douze et quatorze heures de travail deux fois moins cher que lorsqu'ils avaient du pain sur la planche. Et les philanthropes de l'industrie de profiter des chômages pour fabriquer à meilleur marché.

Si les crises industrielles suivent les périodes de surtravail aussi fatalement que la nuit le jour, traînant après elles le chômage forcé et la misère sans issue, elles amènent aussi la banqueroute inexorable. Tant que le fabricant a du crédit, il lâche la bride à la rage du travail, il emprunte et emprunte encore pour fournir la matière première aux ouvriers. Il fait produire, sans réfléchir que le marché s'engorge et que, si ses marchandises n'arrivent pas à la vente, ses billets viendront à l'échéance. Acculé, il va implorer le juif, il se jette à ses pieds, lui offre son sang, son honneur. « Un petit peu d'or ferait mieux mon affaire, répond le Rothschild, vous avez 20 000 paires de bas en magasin, ils valent vingt sous, je les prends à quatre sous. » Les bas obtenus, le juif les vend six et huit sous, et empoche les frétillantes pièces de cent sous qui ne doivent rien à personne : mais le fabricant a reculé pour mieux sauter. Enfin la débâcle arrive et les magasins dégorgent ; on jette alors tant de marchandises par la fenêtre, qu'on ne sait comment elles sont entrées par la porte. C'est par centaines de millions que se chiffre la valeur des marchandises détruites ; au siècle dernier, on les brûlait ou on les jetait à l'eau[11].

Mais avant d'aboutir à cette conclusion, les fabricants parcourent le monde en quête de débouchés pour les marchandises qui s'entassent ; ils forcent leur gouvernement à s'annexer des Congo, à s'emparer des Tonkin, à démolir à coups de canon les murailles de la Chine, pour y écouler leurs cotonnades. Aux siècles derniers, c'était un duel à mort entre la France et l'Angleterre, à qui aurait le privilège exclusif de vendre en Amérique et aux Indes. Des milliers d'hommes jeunes et vigoureux ont rougi de leur sang les mers, pendant les guerres coloniales des XIe, XVIe et XVIIIe siècles.

Les capitaux abondent comme les marchandises. Les financiers ne savent plus où les placer ; ils vont alors chez les nations heureuses qui lézardent au soleil en fumant des cigarettes, poser des chemins de fer, ériger des fabriques et importer la malédiction du travail. Et cette exportation de capitaux français se termine un beau matin par des complications diplomatiques : en Égypte, la France, l'Angleterre et l'Allemagne étaient sur le point de se prendre aux cheveux pour savoir quels usuriers seraient payés les premiers ; par des guerres du Mexique où l'on envoie les soldats français faire le métier d'huissier pour recouvrer de mauvaises dettes[12].

Ces misères individuelles et sociales, pour grandes et innombrables qu'elles soient, pour éternelles qu'elles paraissent, s'évanouiront comme les hyènes et les chacals à l'approche du lion, quand le prolétariat dira : « Je le veux. » Mais pour qu'il parvienne à la conscience de sa force, il faut que le prolétariat foule aux pieds les préjugés de la morale chrétienne, économique, libre penseuse ; il faut qu'il retourne à ses instincts naturels, qu'il proclame les *Droits de la paresse*, mille et mille fois plus nobles et plus sacrés que les phtisiques *Droits de l'homme*, concoctés par les avocats métaphysiciens de la révolution bourgeoise ; qu'il se contraigne à ne travailler que trois heures par jour, à fainéanter et bombancer le reste de la journée et de la nuit.

Jusqu'ici, ma tâche a été facile, je n'avais qu'à décrire des maux réels bien connus de nous tous, hélas ! Mais convaincre le prolétariat que la parole qu'on lui a inoculée est perverse, que le travail effréné auquel il s'est livré dès le commencement du siècle est le plus terrible fléau qui ait jamais frappé l'humanité, que le travail ne deviendra un condiment de plaisir de la paresse, un exercice bienfaisant à l'organisme humain, une passion utile à l'organisme social que lorsqu'il sera sagement réglementé et limité à un maximum de trois heures par jour, est une tâche ardue au-dessus de mes forces ; seuls des physiologistes, des hygiénistes, des économistes communistes pourraient l'entreprendre. Dans les pages qui vont suivre, je me bornerai à démontrer qu'étant donné les moyens de production modernes et leur puissance reproductive illimitée, il faut mater la passion extravagante des ouvriers pour le travail et les obliger à consommer les marchandises qu'ils produisent.

3. Ce qui suit la surproduction

Un poète grec du temps de Cicéron, Antipatros, chantait ainsi l'invention du moulin à eau (pour la mouture du grain) : il allait émanciper les femmes esclaves et ramener l'âge d'or :

« Épargnez le bras qui fait tourner la meule, ô meunières, et dormez paisiblement ! Que le coq vous avertisse en vain qu'il fait jour ! Dao a imposé aux nymphes le travail des esclaves et les voilà qui sautillent allégrement sur la roue et voilà que l'essieu ébranlé roule avec ses rais, faisant tourner la pesante pierre roulante. Vivons de la vie de nos pères et oisifs réjouissons-nous des dons que la déesse accorde. »

Hélas ! les loisirs que le poète païen annonçait ne sont pas venus ; la passion aveugle, perverse et homicide du travail transforme la machine libératrice en instrument d'asservissement des hommes libres : sa productivité les appauvrit.

Une bonne ouvrière ne fait avec le fuseau que cinq mailles à la minute, certains métiers circulaires à tricoter en font trente mille dans le même temps. Chaque minute à la machine équivaut donc à cent heures de travail de l'ouvrière ; ou bien chaque minute de travail de la machine délivre à l'ouvrière dix jours de repos. Ce qui est vrai pour l'industrie du tricotage est plus ou moins vrai pour toutes les industries renouvelées par la mécanique moderne. Mais que voyons-nous ? À mesure que la machine se perfectionne et abat le travail de l'homme avec une rapidité et une précision sans cesse croissantes, l'ouvrier, au lieu de prolonger son repos d'autant, redouble d'ardeur, comme s'il voulait rivaliser avec la machine. Ô concurrence absurde et meurtrière !

Pour que la concurrence de l'homme et de la machine prît libre carrière, les prolétaires ont aboli les sages lois qui limitaient le travail des artisans des antiques corporations ; ils ont supprimé les jours fériés [13]. Parce que les producteurs d'alors ne travaillaient que cinq jours sur sept, croient-ils donc, ainsi que le racontent les économistes menteurs, qu'ils ne vivaient que d'air et d'eau fraîche ? Allons donc ! Ils avaient des loisirs pour goûter les joies de la terre, pour faire l'amour et rigoler ; pour banqueter joyeusement en l'honneur du réjouissant dieu de la Fainéantise. La morose Angleterre, encagotée dans le protestantisme, se nommait alors la « joyeuse Angleterre » (*Merry England*). Rabelais, Quevedo, Cervantès, les auteurs inconnus des romans picaresques, nous font venir l'eau à la bouche avec leurs peintures de ces monumentales ripailles [14] dont on se régalait alors entre deux batailles et deux dévastations, et dans lesquelles tout « allait par escuelles ». Jordaens et l'école flamande les ont écrites sur leurs toiles réjouissantes.

Sublimes estomacs gargantuesques, qu'êtes-vous devenus ? Sublimes cerveaux qui encercliez toute la pensée humaine, qu'êtes-vous devenus ? Nous sommes bien amoindris et bien dégénérés. La vache enragée, la pomme de terre, le vin fuchsiné et le schnaps prussien savamment combinés avec le travail forcé ont débilité nos corps et rapetissé nos esprits. Et c'est alors que l'homme rétrécit son estomac et que la machine élargit sa productivité, c'est alors que les économistes nous prêchent la théorie malthusienne, la religion de l'abstinence et le dogme du travail ? Mais il faudrait leur arracher la langue et la jeter aux chiens.

Parce que la classe ouvrière, avec sa bonne foi simpliste, s'est laissé endoctriner, parce que, avec son impétuosité native, elle s'est précipitée en aveugle dans le travail et l'abstinence, la classe capitaliste s'est trouvée condamnée à la paresse et à la jouissance forcée, à l'improductivité et à la surconsommation. Mais, si le surtravail de l'ouvrier meurtrit sa chair et tenaille ses nerfs, il est aussi fécond en douleurs pour le bourgeois.

L'abstinence à laquelle se condamne la classe productive oblige les bourgeois à se consacrer à la surconsommation des produits qu'elle manufacture désordonnément. Au début de la production capitaliste, il y a un ou deux siècles de cela, le bourgeois était un homme rangé, de mœurs raisonnables et paisibles ; il se contentait de sa femme ou à peu près ; il ne buvait qu'à sa soif et ne mangeait qu'à sa faim. Il laissait aux courtisans et aux courtisanes les nobles vertus de la vie débauchée. Aujourd'hui, il n'est fils de parvenu qui ne se croie tenu de développer la prostitution et de mercurialiser son corps pour donner un but au labeur que s'imposent les ouvriers des mines de mercure ; il n'est bourgeois qui ne s'empiffre de chapons truffés et de lafite navigué, pour encourager les éleveurs de La Flèche et les vignerons du Bordelais. À ce métier, l'organisme se délabre rapidement, les cheveux tombent, les dents se déchaussent, le tronc se déforme, le ventre s'entripaille, la respiration s'embarrasse, les mouvements s'alourdissent, les articulations s'ankylosent, les phalanges se nouent. D'autres, trop malingres pour supporter les fatigues de la débauche, mais dotés de la bosse du prudhommisme, dessèchent leur cervelle comme les Garnier de l'économie politique, les Acollas de la philosophie juridique, à élucubrer de gros livres soporifiques pour occuper les loisirs des compositeurs et des imprimeurs.

Les femmes du monde vivent une vie de martyr. Pour essayer et faire valoir les toilettes féeriques que les couturières se tuent à bâtir, du soir au matin elles font la navette d'une robe dans une autre ; pendant des heures, elles livrent leur tête creuse aux artistes capillaires qui, à tout prix, veulent assouvir leur passion pour l'échafaudage des faux chignons. Sanglées dans leurs corsets, à l'étroit dans leurs bottines, décolletées à faire rougir un sapeur, elles tournoient des nuits entières dans leurs bals de charité afin de ramasser quelques sous pour le pauvre monde. Saintes âmes !

Pour remplir sa double fonction sociale de non-producteur et de surconsommateur, le bourgeois dut non seulement violenter ses goûts modestes, perdre ses habitudes laborieuses d'il y a deux siècles et se livrer au luxe effréné, aux indigestions truffées et aux débauches syphilitiques, mais encore soustraire au travail productif une masse énorme d'hommes afin de se procurer des aides.

Voici quelques chiffres qui prouvent combien colossale est cette déperdition de forces productives :

« D'après le recensement de 1861, la population de l'Angleterre et du pays de Galles comprenait 20 066 224 personnes, dont 9 776 259 du sexe masculin et 10 289 965 du sexe féminin. Si l'on en déduit ce qui est trop vieux ou trop jeune pour travailler, les femmes, les adolescents et les enfants improductifs, puis les professions *idéologiques* telles que gouvernement, police, clergé, magistrature, armée, savants, artistes, etc., ensuite les gens exclusivement occupés à manger le travail d'autrui, sous forme de rente foncière, d'intérêts, de dividendes, etc., et enfin les pauvres, les vagabonds, les criminels, etc., il reste en gros huit millions d'individus des deux sexes et de tout âge, y compris les capitalistes fonctionnant dans la production, le commerce, la finance, etc. Sur ces huit millions, on compte :

» Travailleurs agricoles (y compris les bergers, les valets et les filles de ferme, habitant chez le fermier) .... 1 098 261 ;

» Ouvriers des fabriques de coton, de laine, de *worsted*, de lin, de chanvre, de soie, de dentelle et ceux des métiers à bras .... 642 607 ;

» Ouvriers des mines de charbon et de métal ...... 565 835 ;

» Ouvriers employés dans les usines métallurgiques (hauts fourneaux, laminoirs, etc.) et dans les manufactures de métal de toute espèce .... 396 998 ;

» Classe domestique .... 1 208 648.

» Si nous additionnons les travailleurs des fabriques textiles et ceux des mines de charbon et de métal, nous obtenons le chiffre de 1 208 442 ; si nous additionnons les premiers et le personnel de toutes les usines et de toutes les manufactures de métal, nous avons un total de 1 039 605 personnes ; c'est-à-dire chaque fois un nombre plus petit que celui des esclaves domestiques modernes. Voilà le magnifique résultat de l'exploitation capitaliste des machines[15]. »

À toute cette classe domestique, dont la grandeur indique le degré atteint par la civilisation capitaliste, il faut ajouter la classe nombreuse des malheureux voués exclusivement à la satisfaction des goûts dispendieux et futiles des classes riches, tailleurs de diamants, dentellières, brodeuses, relieurs de luxe, couturières de luxe, décorateurs des maisons de plaisance, etc.[16].

Une fois accroupie dans la paresse absolue et démoralisée par la jouissance forcée, la bourgeoisie, malgré le mal qu'elle en eut, s'accommoda de son nouveau genre de vie. Avec horreur elle envisagea tout changement. La vue des misérables conditions d'existence acceptées avec résignation par la classe ouvrière et celle de la dégradation organique engendrée par la passion dépravée du travail augmentaient encore sa répulsion pour toute imposition de travail et pour toute restriction de jouissances.

C'est précisément alors que, sans tenir compte de la démoralisation que la bourgeoisie s'était imposée comme un devoir social, les prolétaires se mirent en tête d'infliger le travail aux capitalistes. Les naïfs, ils prirent au sérieux les théories des économistes et des moralistes sur le travail et se sanglèrent les reins pour en infliger la pratique aux capitalistes. Le prolétariat arbora la devise : *Qui ne travaille pas, ne mange pas* ; Lyon, en 1831, se leva pour *du plomb ou du travail*, les fédérés de mars 1871 déclarèrent leur soulèvement la *Révolution du travail*.

À ces déchaînements de fureur barbare, destructive de toute jouissance et de toute paresse bourgeoises, les capitalistes ne pouvaient répondre que par la répression féroce, mais ils savaient que, s'ils ont pu comprimer ces explosions révolutionnaires, ils n'ont pas noyé dans le sang de leurs massacres gigantesques l'absurde idée du prolétariat de vouloir infliger le travail aux classes oisives et repues, et c'est pour détourner ce malheur qu'ils s'entourent de prétoriens, de policiers, de magistrats, de geôliers entretenus dans une improductivité laborieuse. On ne peut plus conserver d'illusion sur le caractère des armées modernes, elles ne se sont maintenues en permanence que pour comprimer « l'ennemi intérieur » ; c'est ainsi que les forts de Paris et de Lyon n'ont pas été construits pour défendre la ville contre l'étranger, mais pour l'écraser en cas de révolte. Et s'il fallait un exemple sans réplique, citons l'armée de la Belgique, de ce pays de Cocagne du capitalisme ; sa neutralité est garantie par les puissances européennes, et cependant son armée est une des plus fortes proportionnellement à la population. Les glorieux champs de bataille de la brave armée belge sont les plaines du Borinage et de Charleroi ; c'est dans le sang des mineurs et des ouvriers désarmés que les officiers belges trempent leurs épées et ramassent leurs épaulettes. Les nations européennes n'ont pas des armées nationales, mais des armées mercenaires, elles protègent les capitalistes contre la fureur populaire qui voudrait les condamner à dix heures de mine ou de filature.

Donc, en se serrant le ventre, la classe ouvrière a développé outre mesure le ventre de la bourgeoisie condamnée à la surconsommation.

Pour être soulagée dans son pénible travail, la bourgeoisie a retiré de la classe ouvrière une masse d'hommes de beaucoup supérieure à celle qui restait consacrée à la production utile, et l'a condamnée à son tour à l'improductivité et à la surconsommation. Mais ce troupeau de bouches inutiles, malgré sa voracité insatiable, ne suffit pas à consommer toutes les marchandises que les ouvriers, abrutis par le dogme du travail, produisent comme des maniaques, sans vouloir les consommer, et sans même songer si l'on trouvera des gens pour les consommer.

En présence de cette double folie des travailleurs, de se tuer de surtravail et de végéter dans l'abstinence, le grand problème de la production capitaliste n'est plus de trouver des producteurs et de décupler leurs forces, mais de découvrir des consommateurs, d'exciter leurs appétits et de leur créer des besoins factices. Puisque les ouvriers européens, grelottant de froid et de faim, refusent de porter les étoffes qu'ils tissent, de boire les vins qu'ils récoltent, les pauvres fabricants, ainsi que des dératés, doivent courir aux antipodes chercher qui les portera et qui les boira : ce sont des centaines de millions et de milliards que l'Europe exporte tous les ans, aux quatre coins du monde, à des peuplades qui n'en ont que faire[17]. Mais les continents explorés ne sont plus assez vastes, il faut des pays vierges. Les fabricants de l'Europe rêvent nuit et jour de l'Afrique, du lac saharien, du chemin de fer du Soudan ; avec anxiété, ils suivent les progrès des Livingstone, des Stanley, des Du Chaillu, des de Brazza ; bouche béante, ils écoutent les histoires mirobolantes de ces courageux voyageurs. Que de merveilles inconnues renferme le « continent noir » ! Des champs sont plantés de dents d'éléphant, des fleuves d'huile de coco charrient des paillettes d'or, des millions de culs noirs, nus comme la face de Dufaure ou de Girardin, attendent les cotonnades pour apprendre la décence, des bouteilles de schnaps et des bibles pour connaître les vertus de la civilisation.

Mais tout est impuissant : bourgeois qui s'empiffrent, classe domestique qui dépasse la classe productive, nations étrangères et barbares que l'on engorge de marchandises européennes ; rien, rien ne peut arriver à écouler les montagnes de produits qui s'entassent plus hautes et plus énormes que les pyramides d'Égypte : la productivité des ouvriers européens défie toute consommation, tout gaspillage. Les fabricants, affolés, ne savent plus où donner de la tête, ils ne peuvent plus trouver la matière première pour satisfaire la passion désordonnée, dépravée, de leurs ouvriers pour le travail. Dans nos départements lainiers, on effiloche les chiffons souillés et à demi pourris, on en fait des draps dits de *renaissance*, qui durent ce que durent les promesses électorales ; à Lyon, au lieu de laisser à la fibre soyeuse sa simplicité et sa souplesse naturelle, on la surcharge de sels minéraux qui, en lui ajoutant du poids, la rendent friable et de peu d'usage. Tous nos produits sont adultérés pour en faciliter l'écoulement et en abréger l'existence. Notre époque sera appelée l'*âge de la falsification*, comme les premières époques de l'humanité ont reçu les noms d'*âge de pierre*, d'*âge de bronze*, du caractère de leur production. Des ignorants accusent de fraude nos pieux industriels, tandis qu'en réalité la pensée qui les anime est de fournir du travail aux ouvriers, qui ne peuvent se résigner à vivre les bras croisés. Ces falsifications, qui ont pour unique mobile un sentiment humanitaire, mais qui rapportent de superbes profits aux fabricants qui les pratiquent, si elles sont désastreuses pour la qualité des marchandises, si elles sont une source intarissable de gaspillage du travail humain, prouvent la philanthropique ingéniosité des bourgeois et l'horrible perversion des ouvriers qui, pour assouvir leur vice de travail, obligent les industriels à étouffer les cris de leur conscience et à violer même les lois de l'honnêteté commerciale.

Et cependant, en dépit de la surproduction de marchandises, en dépit des falsifications industrielles, les ouvriers encombrent le marché innombrablement, implorant : du travail ! du travail ! Leur surabondance devrait les obliger à refréner leur passion ; au contraire, elle la porte au paroxysme. Qu'une chance de travail se présente, ils se ruent dessus ; alors c'est douze, quatorze heures qu'ils réclament pour en avoir leur saoul, et le lendemain les voilà de nouveau rejetés sur le pavé, sans plus rien pour alimenter leur vice. Tous les ans, dans toutes les industries, des chômages reviennent avec la régularité des saisons. Au surtravail meurtrier pour l'organisme succède le repos absolu, pendant des deux et quatre mois ; et plus de travail, plus de pitance. Puisque le vice du travail est diaboliquement chevillé dans le cœur des ouvriers ; puisque ses exigences étouffent tous les autres instincts de la nature ; puisque la quantité de travail requise par la société est forcément limitée par la consommation et par l'abondance de la matière première, pourquoi dévorer en six mois le travail de toute l'année ? Pourquoi ne pas le distribuer uniformément sur les douze mois et forcer tout ouvrier à se contenter de six ou de cinq heures par jour, pendant l'année, au lieu de prendre des indigestions de douze heures pendant six mois ? Assurés de leur part quotidienne de travail, les ouvriers ne se jalouseront plus, ne se battront plus pour s'arracher le travail des mains et le pain de la bouche ; alors, non épuisés de corps et d'esprit, ils commenceront à pratiquer les vertus de la paresse.

Abêtis par leur vice, les ouvriers n'ont pu s'élever à l'intelligence de ce fait que, pour avoir du travail pour tous, il fallait le rationner comme l'eau sur un navire en détresse. Cependant les industriels, au nom de l'exploitation capitaliste, ont depuis longtemps demandé une limitation légale de la journée de travail. Devant la Commission de 1860 sur l'enseignement professionnel, un des plus grands manufacturiers de l'Alsace, M. Bourcart, de Guebwiller, déclarait :

« Que la journée de douze heures était excessive et devait être ramenée à onze heures, que l'on devait suspendre le travail à deux heures le samedi. Je puis conseiller l'adoption de cette mesure quoiqu'elle paraisse onéreuse à première vue ; nous l'avons expérimentée dans nos établissements industriels depuis quatre ans et nous nous en trouvons bien, et la production moyenne, loin d'avoir diminué, a augmenté. »

Dans son étude sur les *machines*, M. F. Passy cite la lettre suivante d'un grand industriel belge, M. M. Ottavaere :

« Nos machines, quoique les mêmes que celles des filatures anglaises, ne produisent pas ce qu'elles devraient produire et ce que produiraient ces mêmes machines en Angleterre, quoique les filatures travaillent deux heures de moins par jour. [...] Nous travaillons tous *deux grandes heures de trop* ; j'ai la conviction que si l'on ne travaillait que onze heures au lieu de treize, nous aurions la même production et produirions par conséquent plus économiquement. »

D'un autre côté, M. Leroy-Beaulieu affirme que « c'est une observation d'un grand manufacturier belge que les semaines où tombe un jour férié n'apportent pas une production inférieure à celle des semaines ordinaires [18] ».

Ce que le peuple, pipé en sa simplesse par les moralistes, n'a jamais osé, un gouvernement aristocratique l'a osé. Méprisant les hautes considérations morales et industrielles des économistes, qui, comme les oiseaux de mauvais augure, croassaient que diminuer d'une heure le travail des fabriques c'était décréter la ruine de l'industrie anglaise, le gouvernement de l'Angleterre a défendu par une loi, strictement observée, de travailler plus de dix heures par jour ; et, après comme avant, l'Angleterre demeure la première nation industrielle du monde.

La grande expérience anglaise est là, l'expérience de quelques capitalistes intelligents est là, elle démontre irréfutablement que, pour puissancer la productivité humaine, il faut réduire les heures de travail et multiplier les jours de paye et de fêtes, et le peuple français n'est pas convaincu. Mais si une misérable réduction de deux heures a augmenté en dix ans de près d'un tiers la production anglaise[19], quelle marche vertigineuse imprimera à la production française une réduction légale de la journée de travail à trois heures ? Les ouvriers ne peuvent-ils donc comprendre qu'en se surmenant de travail, ils épuisent leurs forces et celles de leur progéniture ; que, usés, ils arrivent avant l'âge à être incapables de tout travail ; qu'absorbés, abrutis par un seul vice, ils ne sont plus des hommes, mais des tronçons d'hommes ; qu'ils tuent en eux toutes les belles facultés pour ne laisser debout, et luxuriante, que la folie furibonde du travail.

Ah ! comme des perroquets d'Arcadie ils répètent la leçon des économistes : « Travaillons, travaillons pour accroître la richesse nationale. » Ô idiots ! c'est parce que vous travaillez trop que l'outillage industriel se développe lentement. Cessez de braire et écoutez un économiste ; il n'est pas un aigle, ce n'est que M. L. Reybaud, que nous avons eu le bonheur de perdre il y a quelques mois :

« C'est en général sur les conditions de la main-d'œuvre que se règle la révolution dans les méthodes du travail. Tant que la main-d'œuvre fournit ses services à bas prix, on la prodigue ; on cherche à l'épargner quand ses services deviennent plus coûteux[20]. »

Pour forcer les capitalistes à perfectionner leurs machines de bois et de fer, il faut hausser les salaires et diminuer les heures de travail des machines de chair et d'os. Les preuves à l'appui ? C'est par centaines qu'on peut les fournir. Dans la filature, le métier renvideur (*self acting mule*) fut inventé et appliqué à Manchester, parce que les fileurs se refusaient à travailler aussi longtemps qu'auparavant.

En Amérique, la machine envahit toutes les branches de la production agricole, depuis la fabrication du beurre jusqu'au sarclage des blés : pourquoi ? Parce que l'Américain, libre et paresseux, aimerait mieux mille morts que la vie bovine du paysan français. Le labourage, si pénible en notre glorieuse France, si riche en courbatures, est, dans l'Ouest américain, un agréable passe-temps au grand air que l'on prend assis, en fumant nonchalamment sa pipe.

4. À nouvel air, chanson nouvelle

Si, en diminuant les heures de travail, on conquiert à la production sociale de nouvelles forces mécaniques, en obligeant les ouvriers à consommer leurs produits, on conquerra une immense armée de forces de travail. La bourgeoisie, déchargée alors de sa tâche de consommateur universel, s'empressera de licencier la cohue de soldats, de magistrats, de figaristes, de proxénètes, etc., qu'elle a retirée du travail utile pour l'aider à consommer et à gaspiller. C'est alors que le marché du travail sera débordant, c'est alors qu'il faudra une loi de fer pour mettre l'interdit sur le travail : il sera impossible de trouver de la besogne pour cette nuée de ci-devant improductifs, plus nombreux que les poux des bois. Et après eux il faudra songer à tous ceux qui pourvoyaient à leurs besoins et goûts futiles et dispendieux. Quand il n'y aura plus de laquais et de généraux à galonner, plus de prostituées libres et mariées à couvrir de dentelles, plus de canons à forer, plus de palais à bâtir, il faudra, par des lois sévères, imposer aux ouvrières et ouvriers en passementeries, en dentelles, en fer, en bâtiments, du canotage hygiénique et des exercices chorégraphiques pour le rétablissement de leur santé et le perfectionnement de la race. Du moment que les produits européens consommés sur place ne seront pas transportés au diable, il faudra bien que les marins, les hommes d'équipe, les camionneurs s'assoient et apprennent à se tourner les pouces. Les bienheureux Polynésiens pourront alors se livrer à l'amour libre sans craindre les coups de pied de la Vénus civilisée et les sermons de la morale européenne.

Il y a plus. Afin de trouver du travail pour toutes les non-valeurs de la société actuelle, afin de laisser l'outillage industriel se développer indéfiniment, la classe ouvrière devra, comme la bourgeoisie, violenter ses goûts abstinents, et développer indéfiniment ses capacités consommatrices. Au lieu de manger par jour une ou deux onces de viande coriace, quand elle en mange, elle mangera de joyeux biftecks d'une ou deux livres ; au lieu de boire modérément du mauvais vin, plus catholique que le pape, elle boira à grandes et profondes rasades du bordeaux, du bourgogne, sans baptême industriel, et laissera l'eau aux bêtes.

Les prolétaires ont arrêté en leur tête d'infliger aux capitalistes des dix heures de forge et de raffinerie ; là est la grande faute, la cause des antagonismes sociaux et des guerres civiles. Défendre et non imposer le travail, il le faudra. Les Rothschild, les Say seront admis à faire la preuve d'avoir été, leur vie durant, de parfaits vauriens ; et s'ils jurent vouloir continuer à vivre en parfaits vauriens, malgré l'entraînement général pour le travail, ils seront mis en carte et, à leurs mairies respectives, ils recevront tous les matins une pièce de vingt francs pour leurs menus plaisirs. Les discordes sociales s'évanouiront. Les rentiers, les capitalistes, tout les premiers, se rallieront au parti populaire, une fois convaincus que, loin de leur vouloir du mal, on veut au contraire les débarrasser du travail de surconsommation et de gaspillage dont ils ont été accablés dès leur naissance. Quant aux bourgeois incapables de prouver leurs titres de vauriens, on les laissera suivre leurs instincts : il existe suffisamment de métiers dégoûtants pour les caser — Dufaure nettoierait les latrines publiques ; Galliffet chourinerait les cochons galeux et les chevaux forcineux ; les membres de la commission des grâces, envoyés à Poissy, marqueraient les bœufs et les moutons à abattre ; les sénateurs, attachés aux pompes funèbres, joueraient les croque-morts. Pour d'autres, on trouverait des métiers à portée de leur intelligence. Lorgeril, Broglie, boucheraient les bouteilles de champagne, mais on les musellerait pour les empêcher de s'enivrer ; Ferry, Freycinet, Tirard détruiraient les punaises et les vermines des ministères et autres auberges publiques. Il faudra cependant mettre les deniers publics hors de la portée des bourgeois, de peur des habitudes acquises.

Mais dure et longue vengeance on tirera des moralistes qui ont perverti l'humaine nature, des cagots, des cafards, des hypocrites « et autres telles sectes de gens qui se sont déguisés pour tromper le monde. Car donnant entendre au populaire commun qu'ils ne sont occupés sinon à contemplation et dévotion, en jeusnes et mascération de la sensualité, sinon vrayement pour sustenter et alimenter la petite fragilité de leur humanité : au contraire font chière. Dieu sait qu'elle ! *et Curios simulant sed Bacchanalia vivunt*[21]. Vous le pouvez lire en grosse lettre et enlumineure de leurs rouges muzeaulx et ventre à poulaine, sinon quand ils se parfument de souphlre[22] ».

Aux jours de grandes réjouissances populaires, où, au lieu d'avaler de la poussière comme aux 15 août et aux 14 juillet du bourgeoisisme, les communistes et les collectivistes feront aller les flacons, trotter les jambons et voler les gobelets, les membres de l'Académie des sciences morales et politiques, les prêtres à longue et courte robe de l'église économique, catholique, protestante, juive, positiviste et libre penseuse, les propagateurs du malthusianisme et de la morale chrétienne, altruiste, indépendante ou soumise, vêtus de jaune, tiendront la chandelle à s'en brûler les doigts et vivront en famine auprès des femmes galloises et des tables chargées de viandes, de fruits et de fleurs, et mourront de soif auprès des tonneaux débondés. Quatre fois l'an, au changement des saisons, ainsi que les chiens des rémouleurs, on les enfermera dans les grandes roues et pendant dix heures on les condamnera à moudre du vent. Les avocats et les légistes subiront la même peine.

En régime de paresse, pour tuer le temps qui nous tue seconde par seconde, il y aura des spectacles et des représentations théâtrales toujours et toujours ; c'est de l'ouvrage tout trouvé pour nos bourgeois législateurs. On les organisera par bandes courant les foires et les villages, donnant des représentations législatives. Les généraux, en bottes à l'écuyère, la poitrine chamarrée d'aiguillettes, de crachats, de croix de la Légion d'honneur, iront par les rues et les places, racolant les bonnes gens. Gambetta et Cassagnac, son compère, feront le boniment de la porte. Cassagnac, en grand costume de matamore, roulant des yeux, tordant la moustache, crachant de l'étoupe enflammée, menacera tout le monde du pistolet de son père et s'abîmera dans un trou dès qu'on lui montrera le portrait de Lullier ; Gambetta discourra sur la politique étrangère, sur la petite Grèce qui l'endoctorise et mettrait l'Europe en feu pour filouter la Turquie ; sur la grande Russie qui le stultifie avec la compote qu'elle promet de faire avec la Prusse et qui souhaite à l'ouest de l'Europe plaies et bosses pour faire sa pelote à l'Est et étrangler le nihilisme à l'intérieur ; sur M. de Bismarck, qui a été assez bon pour lui permettre de se prononcer sur l'amnistie… puis, dénudant sa large bedaine peinte aux trois couleurs, il battra dessus le rappel et énumérera les délicieuses petites bêtes, les ortolans, les truffes, les verres de margaux et d'yquem qu'il y a engloutonnés pour encourager l'agriculture et tenir en liesse les électeurs de Belleville.

Dans la taraque, on débutera par la *Farce électorale*.

Devant les électeurs, à têtes de bois et oreilles d'âne, les candidats bourgeois, vêtus en paillasses, danseront la danse des libertés politiques, se torchant la face et la postface avec leurs programmes électoraux aux multiples promesses, et parlant avec des larmes dans les yeux des misères du peuple et avec du cuivre dans la voix des gloires de la France ; et les têtes des électeurs de braire en chœur et solidement : hi han ! hi han !

Puis commencera la grande pièce : *Le Vol des biens de la nation*.

La France capitaliste, énorme femelle, velue de la face et chauve du crâne, avachie, aux chairs flasques, bouffies, blafardes, aux yeux éteints, ensommeillée et bâillant, s'allonge sur un canapé de velours ; à ses pieds, le Capitalisme industriel, gigantesque organisme de fer, à masque simiesque, dévore mécaniquement des hommes, des femmes, des enfants, dont les cris lugubres et déchirants emplissent l'air ; la Banque à museau de fouine, à corps d'hyène et mains de harpie, lui dérobe prestement les pièces de cent sous de la poche. Des hordes de misérables prolétaires décharnés, en haillons, escortés de gendarmes, le sabre au clair, chassés par des furies les cinglant avec les fouets de la faim, apportent aux pieds de la France capitaliste des monceaux de marchandises, des barriques de vin, des sacs d'or et de blé. Langlois, sa culotte d'une main, le testament de Proudhon de l'autre, le livre du budget entre les dents, se campe à la tête des défenseurs des biens de la nation et monte la garde. Les fardeaux déposés, à coups de crosse et de baïonnette, ils font chasser les ouvriers et ouvrent la porte aux industriels, aux commerçants et aux banquiers. Pêle-mêle, ils se précipitent sur le tas, avalant des cotonnades, des sacs de blé, des lingots d'or, vidant des barriques ; n'en pouvant plus, sales, dégoûtants, ils s'affaissent dans leurs ordures et leurs vomissements... Alors le tonnerre éclate, la terre s'ébranle et s'entrouvre, la Fatalité historique surgit ; de son pied de fer elle écrase les têtes de ceux qui hoquettent, titubent, tombent et ne peuvent plus fuir, et de sa large main elle renverse la France capitaliste, ahurie et suante de peur.

Si, déracinant de son cœur le vice qui la domine et avilit sa nature, la classe ouvrière se levait dans sa force terrible, non pour réclamer les *Droits de l'homme*, qui ne sont que les droits de l'exploitation capitaliste, non pour réclamer le *Droit au travail*, qui n'est que le droit à la misère, mais pour forger une loi d'airain, défendant à tout homme de travailler plus de trois heures par jour, la Terre, la vieille Terre, frémissant d'allégresse, sentirait bondir en elle un nouvel univers… Mais comment demander à un prolétariat corrompu par la morale capitaliste une résolution virile ?

Comme le Christ, la dolente personnification de l'esclavage antique, les hommes, les femmes, les enfants du Prolétariat gravissent péniblement depuis un siècle le dur calvaire de la douleur : depuis un siècle, le travail forcé brise leurs os, meurtrit leurs chairs, tenaille leurs nerfs ; depuis un siècle, la faim tord leurs entrailles et hallucine leurs cerveaux !… Ô Paresse, prends pitié de notre longue misère ! Ô Paresse, mère des arts et des nobles vertus, sois le baume des angoisses humaines !

Appendice

Nos moralistes sont gens bien modestes ; s'ils ont inventé le dogme du travail, ils doutent de son efficacité pour tranquilliser l'âme, réjouir l'esprit et entretenir le bon fonctionnement des reins et autres organes ; ils veulent en expérimenter l'usage sur le populaire, *in anima vili*, avant de le tourner contre les capitalistes, dont ils ont mission d'excuser et d'autoriser les vices.

Mais, philosophes à quatre sous la douzaine, pourquoi vous battre ainsi la cervelle à élucubrer une morale dont vous n'osez conseiller la pratique à vos maîtres ? Votre dogme du travail, dont vous faites tant les fiers, voulez-vous le voir bafoué, honni ? Ouvrons l'histoire des peuples antiques et les écrits de leurs philosophes et de leurs législateurs.

« Je ne saurais affirmer, dit le père de l'histoire, Hérodote, si les Grecs tiennent des Égyptiens le mépris qu'ils font du travail, parce que je trouve le même mépris établi parmi les Thraces, les Scythes, les Perses, les Lydiens ; en un mot parce que chez la plupart des barbares, ceux qui apprennent les arts mécaniques et même leurs enfants sont regardés comme les derniers des citoyens… Tous les Grecs ont été élevés dans ces principes, particulièrement les Lacédémoniens[23]. »

« À Athènes, les citoyens étaient de véritables nobles qui ne devaient s'occuper que de la défense et de l'administration de la communauté, comme les guerriers sauvages dont ils tiraient leur origine. Devant donc être libres de tout leur temps pour veiller, par leur force intellectuelle et corporelle, aux intérêts de la République, ils chargeaient les esclaves de tout travail. De même à Lacédémone, les femmes mêmes ne devaient ni filer ni tisser pour ne pas déroger à leur noblesse [24]. »

Les Romains ne connaissaient que deux métiers nobles et libres, l'agriculture et les armes ; tous les citoyens vivaient de droit aux dépens du Trésor, sans pouvoir être contraints de pourvoir à leur subsistance par aucun des *sordidæ artes* (ils désignaient ainsi les métiers) qui appartenaient de droit aux esclaves. Brutus, l'ancien, pour soulever le peuple, accusa surtout Tarquin, le tyran, d'avoir fait des artisans et des maçons avec des citoyens libres [25].

Les philosophes anciens se disputaient sur l'origine des idées, mais ils tombaient d'accord s'il s'agissait d'abhorrer le travail.

« La nature, dit Platon, dans son utopie sociale, dans sa *République* modèle, la nature n'a fait ni cordonnier, ni forgeron ; de pareilles occupations dégradent les gens qui les exercent, vils mercenaires, misérables sans nom qui sont exclus par leur état même des droits politiques. Quant aux marchands accoutumés à mentir et à tromper, on ne les souffrira dans la cité que comme un mal nécessaire. Le citoyen qui se sera avili par le commerce de boutique sera poursuivi pour ce délit. S'il est convaincu, il sera condamné à un an de prison. La punition sera double à chaque récidive[26]. »

Dans son *Économique*, Xénophon écrit :

« Les gens qui se livrent aux travaux manuels ne sont jamais élevés aux charges, et on a bien raison. La plupart, condamnés à être assis tout le jour, quelques-uns même à éprouver un feu continuel, ne peuvent manquer d'avoir le corps altéré et il est bien difficile que l'esprit ne s'en ressente. »

« Que peut-il sortir d'honorable d'une boutique ? professe Cicéron, et qu'est-ce que le commerce peut produire d'honnête ? Tout ce qui s'appelle boutique est indigne d'un honnête homme [...], les marchands ne pouvant gagner sans mentir, et quoi de plus honteux que le mensonge ! Donc, on doit regarder comme quelque chose de bas et de vil le métier de tous ceux qui vendent leur peine et leur industrie ; car quiconque donne son travail pour de l'argent se vend lui-même et se met au rang des esclaves[27]. »

Prolétaires, abrutis par le dogme du travail, entendez-vous le langage de ces philosophes, que l'on vous cache avec un soin jaloux : un citoyen qui donne son travail pour de l'argent se dégrade au rang des esclaves, il commet un crime, qui mérite des années de prison.

La tartuferie chrétienne et l'utilitarisme capitaliste n'avaient pas perverti ces philosophes des Républiques antiques ; professant pour des hommes libres, ils parlaient naïvement leur pensée. Platon, Aristote, ces penseurs géants, dont nos Cousin, nos Caro, nos Simon ne peuvent atteindre la cheville qu'en se haussant sur la pointe des pieds, voulaient que les citoyens de leurs Républiques idéales vécussent dans le plus grand loisir, car, ajoutait Xénophon, « le travail emporte tout le temps et avec lui on n'a nul loisir pour la République et les amis ». Selon Plutarque, le grand titre de Lycurgue, « le plus sage des hommes » à l'admiration de la postérité, était d'avoir accordé des loisirs aux citoyens de la République en leur interdisant un métier quelconque[28].

Mais, répondront les Bastiat, Dupanloup, Beaulieu et compagnie de la morale chrétienne et capitaliste, ces penseurs, ces philosophes préconisaient l'esclavage. — Parfait, mais pouvait-il en être autrement, étant donné les conditions économiques et politiques de leur époque ? La guerre était l'état normal des sociétés antiques ; l'homme libre devait consacrer son temps à discuter les affaires de l'État et à veiller à sa défense ; les métiers étaient alors trop primitifs et trop grossiers pour que, les pratiquant, on pût exercer son métier de soldat et de citoyen ; afin de posséder des guerriers et des citoyens, les philosophes et les législateurs devaient tolérer les esclaves dans les Républiques héroïques. — Mais les moralistes et les économistes du capitalisme ne préconisent-ils pas le salariat, l'esclavage moderne ? Et à quels hommes l'esclavage capitaliste fait-il des loisirs ? — À des Rothschild, à des Schneider, à des Mme Boucicaut, inutiles et nuisibles, esclaves de leurs vices et de leurs domestiques.

« Le préjugé de l'esclavage dominait l'esprit de Pythagore et d'Aristote », a-t-on écrit dédaigneusement ; et cependant Aristote prévoyait que « si chaque outil pouvait exécuter sans sommation, ou bien de lui-même, sa fonction propre, comme les chefs-d'œuvre de Dédale se mouvaient d'eux-mêmes, ou comme les trépieds de Vulcain se mettaient spontanément à leur travail sacré ; si, par exemple, les navettes des tisserands tissaient d'elles-mêmes, le chef d'atelier n'aurait plus besoin d'aides, ni le maître d'esclaves ».

Le rêve d'Aristote est notre réalité. Nos machines au souffle de feu, aux membres d'acier, infatigables, à la fécondité merveilleuse, inépuisable, accomplissent docilement d'elles-mêmes leur travail sacré ; et cependant le génie des grands philosophes du capitalisme reste dominé par le préjugé du salariat, le pire des esclavages. Ils ne comprennent pas encore que la machine est le rédempteur de l'humanité, le Dieu qui rachètera l'homme des *sordidæ artes* et du travail salarié, le Dieu qui lui donnera des loisirs et la liberté.

Notes

1. Descartes, *Les Passions de l'âme.*

2. Docteur Beddoe, *Memoirs of the Anthropological Society* ; Ch. Darwin, *Descent of Man.*

3. Les explorateurs européens s'arrêtent étonnés devant la beauté physique et la fière allure des hommes des peuplades primitives, non souillés par ce que Pæppig appelait le « souffle empoisonné de la civilisation ». Parlant des aborigènes des îles océaniennes, lord George Campbell écrit : « Il n'y a pas de peuple au monde qui frappe davantage au premier abord. Leur peau unie et d'une teinte légèrement cuivrée, leurs cheveux dorés et bouclés, leur belle et joyeuse figure, en un mot toute leur personne, formaient un nouvel et splendide échantillon du *genus homo* ; leur apparence physique donnait l'impression d'une race supérieure à la nôtre. » Les civilisés de l'ancienne Rome, les César, les Tacite, contemplaient avec la même admiration les Germains des tribus communistes qui envahissaient l'Empire romain. – Ainsi que Tacite, Salvien, le prêtre du Ve siècle, qu'on surnomma le *maître des évêques*, donnait les barbares en exemple aux civilisés et aux chrétiens : « Nous sommes impudiques au milieu des barbares, plus chastes que nous. Bien plus, les barbares sont blessés de nos impudicités, les Goths ne souffrent pas qu'il y ait parmi eux des débauchés de leur nation ; seuls au milieu d'eux, par le triste privilège de leur nationalité et de leur nom, les Romains ont le droit d'être impurs. [La pédérastie était alors en grande mode parmi les païens et les chrétiens...] Les opprimés s'en vont chez les barbares chercher de l'humanité et un abri. » (*De Gubernatione Dei.*) – La vieille civilisation et le christianisme naissant corrompirent les barbares du vieux monde, comme le christianisme vieilli et la moderne civilisation capitaliste corrompent les sauvages du nouveau monde.
M. F. Le Play, dont on doit reconnaître le talent d'observation, alors même que l'on rejette ses conclusions sociologiques, entachées de prudhommisme philanthropique et chrétien, dit dans son livre *Les Ouvriers européens* (1885) : « La propension des Bachkirs pour la paresse [les Bachkirs sont des pasteurs semi-nomades du versant asiatique de l'Oural] ; les loisirs de la vie nomade, les habitudes de médi-

tation qu'elles font naître chez les individus les mieux doués communiquent souvent à ceux-ci une distinction de manières, une finesse d'intelligence et de jugement qui se remarquent rarement au même niveau social dans une civilisation plus développée… Ce qui leur répugne le plus, ce sont les travaux agricoles ; ils font tout plutôt que d'accepter le métier d'agriculteur. » L'agriculture est, en effet, la première manifestation du travail servile dans l'humanité. Selon la tradition biblique, le premier criminel, Caïn, est un agriculteur.

4. Le proverbe espagnol dit : *Descansar es salud* (Se reposer est santé).

5. « Ô Mélibée, un Dieu nous a donné cette oisiveté », Virgile, *Bucoliques*. (Voir Appendice.)

6. Évangile selon saint Matthieu, chap. VI.

7. Au premier congrès de bienfaisance tenu à Bruxelles, en 1857, un des plus riches manufacturiers de Marquette, près de Lille, M. Scrive, aux applaudissements des membres du congrès, racontait, avec la plus noble satisfaction d'un devoir accompli : « Nous avons introduit quelques moyens de distraction pour les enfants. Nous leur apprenons à chanter pendant le travail, à compter également en travaillant : cela les distrait et leur fait accepter avec courage *ces douze heures de travail qui sont nécessaires pour leur procurer des moyens d'existence.* » – Douze heures de travail, et quel travail ! imposées à des enfants qui n'ont pas douze ans ! – Les matérialistes regretteront toujours qu'il n'y ait pas un enfer pour y clouer ces chrétiens, ces philanthropes, bourreaux de l'enfance.

8. Discours prononcé à la Société internationale d'études pratiques d'économie sociale de Paris, en mai 1863, et publié dans *L'Économiste français* de la même époque.

9. L.-R. Villermé, *Tableau de l'état physique et moral des ouvriers dans les fabriques de coton, de laine et de soie*, 1848. Ce n'était pas parce que les Dollfus, les Kœchlin et autres fabricants alsaciens étaient des républicains, des patriotes et des philanthropes protestants qu'ils traitaient de la sorte leurs ouvriers ; car Blanqui, l'académicien, Reybaud, le prototype de Jérôme Paturot, et Jules Simon,

le maître Jacques politique, ont constaté les mêmes aménités pour la classe ouvrière chez les fabricants très catholiques et très monarchiques de Lille et de Lyon. Ce sont là des vertus capitalistes s'harmonisant à ravir avec toutes les convictions politiques et religieuses.

10. Les Indiens des tribus belliqueuses du Brésil tuent leurs infirmes et leurs vieillards ; ils témoignent leur amitié en mettant fin à une vie qui n'est plus réjouie par des combats, des fêtes et des danses. Tous les peuples primitifs ont donné aux leurs ces preuves d'affection : les Massagètes de la mer Caspienne (Hérodote), aussi bien que les Wens de l'Allemagne et les Celtes de la Gaule. Dans les églises de Suède, dernièrement encore, on conservait des massues dites *massues familiales*, qui servaient à délivrer les parents des tristesses de la vieillesse. Combien dégénérés sont les prolétaires modernes pour accepter en patience les épouvantables misères du travail de fabrique !

11. Au Congrès industriel tenu à Berlin, le 21 janvier 1879, on estimait à 568 millions de francs la perte qu'avait éprouvée l'industrie du fer en Allemagne pendant la dernière crise.

12. *La Justice*, de M. Clemenceau, dans sa partie financière, disait le 6 avril 1880 : « Nous avons entendu soutenir cette opinion que, à défaut de la Prusse, les milliards de la guerre de 1870 eussent été *également perdus* pour la France, et ce, sous forme d'emprunts périodiquement émis pour l'équilibre des budgets étrangers ; telle est également notre opinion. » On estime à cinq milliards la perte des capitaux anglais dans les emprunts des Républiques de l'Amérique du Sud. Les travailleurs français ont non seulement produit les cinq milliards payés à M. Bismarck ; mais ils continuent à servir les intérêts de l'indemnité de guerre aux Ollivier, aux Girardin, aux Bazaine et autres porteurs de titres de rente qui ont amené la guerre et la déroute. Cependant, il leur reste une fiche de consolation : ces milliards n'occasionneront pas de guerre de recouvrement.

13. Sous l'Ancien Régime, les lois de l'Église garantissaient au travailleur 90 jours de repos (52 dimanches et 38 jours fériés) pendant lesquels il était strictement défendu de travailler. C'était le grand crime du catholicisme, la cause principale de l'irréligion de la bourgeoisie industrielle et commerçante. Sous la Révolu-

tion, dès qu'elle fut maîtresse, elle abolit les jours fériés et remplaça la semaine de sept jours par celle de dix. Elle affranchit les ouvriers du joug de l'Église pour mieux les soumettre au joug du travail.

La haine contre les jours fériés n'apparaît que lorsque la moderne bourgeoisie industrielle et commerçante prend corps, entre les XVe et XVIe siècles. Henri IV demanda leur réduction au pape ; il refusa parce que « l'une des hérésies qui courent le jourd'hui, est touchant les fêtes » (lettre du cardinal d'Ossat). Mais, en 1666, Péréfixe, archevêque de Paris, en supprima 17 dans son diocèse. Le protestantisme, qui était la religion chrétienne accommodée aux nouveaux besoins industriels et commerciaux de la bourgeoisie, fut moins soucieux du repos populaire ; il détrôna au ciel les saints pour abolir sur terre leurs fêtes.

La réforme religieuse et la libre pensée philosophique n'étaient que des prétextes qui permirent à la bourgeoisie jésuite et rapace d'escamoter les jours de fête du populaire.

14. Ces fêtes pantagruéliques duraient des semaines. Don Rodrigo de Lara gagne sa fiancée en expulsant les Maures de Calatrava la vieille, et le *Romancero* narre que :

Las bodas fueron en Burgos,
Las tornabodas en Salas :
En bodas y tornabodas
Pasaron siete semanas.
Tantas vienen de las gentes,
Que no caben por las plazas...

(Les noces furent à Burgos, les retours de noces à Salas ; en noces et retours de noces, sept semaines passèrent ; tant de gens accourent que les places ne peuvent les contenir...)

Les hommes de ces noces de sept semaines étaient les héroïques soldats des guerres de l'indépendance.

15. Karl Marx, *Le Capital*, livre premier, ch. XV, § 6.

16. « La proportion suivant laquelle la population d'un pays est employée comme domestique, au service des classes aisées, indique son progrès en richesse nationale et en civilisation. » (R. M. Martin, *Ireland before and after the Union*, 1818.) Gambetta, qui niait la question sociale, depuis qu'il n'était plus l'avocat nécessiteux du Café Procope, voulait sans doute parler de cette classe domestique sans cesse grandissante quand il réclamait l'avènement des nouvelles couches sociales.

17. Deux exemples : le gouvernement anglais, pour complaire aux pays indiens qui, malgré les famines périodiques désolant le pays, s'entêtent à cultiver le pavot au lieu du riz ou du blé, a dû entreprendre des guerres sanglantes, afin d'imposer au gouvernement chinois la libre introduction de l'opium indien. Les sauvages de la Polynésie, malgré la mortalité qui en fut la conséquence, durent se vêtir et se saouler à l'anglaise, pour consommer les produits des distilleries de l'Écosse et des ateliers de tissage de Manchester.

18. Paul Leroy-Beaulieu, *La Question ouvrière au XIVe siècle*, 1872.

19. Voici, d'après le célèbre statisticien R. Giffen, du Bureau de statistique de Londres, la progression croissante de la richesse nationale de l'Angleterre et de l'Irlande : en 1814, elle était de 55 milliards de francs ; en 1865, elle était de 162,5 milliards de francs ; en 1875, elle était de 212,5 milliards de francs.

20. Louis Reybaud, *Le Coton, son régime, ses problèmes*, 1863.

21. « Ils simulent des Curius et vivent comme aux *Bacchanales* » (Juvénal).

22. *Pantagruel*, livre II, chap. LXXIV.

23. Hérodote, t. II, trad. Larcher, 1876.

24. Biot, *De l'abolition de l'esclavage ancien en Occident*, 1840.

25. Tite-Live, livre premier.

26. Platon, *République*, livre V.

27. Cicéron, *Des devoirs*, I, tit. II, chap. XLII.

28. Platon, *République*, V, et les *Lois*, III ; Aristote, *Politique*, II et VII ; Xénophon, *Économique*, IV et VI ; Plutarque, *Vie de Lycurgue*.

Éloge
de la vraie vie

Il est bon de se laisser porter par la véhémence éblouissante du *Droit à la paresse*. En dépit du temps qui nous sépare de son écriture, le pamphlet de Paul Lafargue est comme une goulée d'air frais pour notre esprit pollué au plus profond par l'idéologie du travail. Une « vertu vicieuse » si quotidiennement concrétisée, si profondément introjectée.

Ce petit ouvrage fait de Paul Lafargue un marxiste bien singulier au sein d'un mouvement ouvrier à l'histoire duquel il appartient de plein droit : toute sa vie, en effet, est marquée par son engagement aux côtés des pauvres, des opprimés en lutte pour que justice leur soit rendue. Au-delà de sa présence constante et « officielle » durant presque cinquante ans de secousses et de débats révolutionnaires, les années d'exil et de prison qu'il a subies pour son dévouement à la cause prolétarienne en sont un témoignage manifeste.

Par sa teneur iconoclaste et gaie, son *Droit à la paresse* heurte de front les instances marxistes de son époque. Il tourne en dérision et conteste ce droit au travail qui est le socle de toute la panoplie des revendications ouvrières du XIXe siècle (lesquelles, du reste, garderont jusqu'à nos jours leur raison d'être et leurs assises). Le « droit au travail », ce cri qui est censé légitimer la rébellion des pauvres une fois dissous l'ancien système productif, cette pulsion impérieuse, née du capitalisme même, toujours poussé à la domination, cette idée inculquée par l'adversaire et que la classe laborieuse juge essentielle pour l'avènement du monde nouveau, Lafargue terrasse ce « droit » dès les premières lignes de son « traité à l'usage des gens obtuses ». La révolution ne saurait se vêtir d'une veste si morne : elle doit jeter aux oubliettes le droit au travail qui, dans la réalité, n'est que droit à la détresse du corps et de l'esprit, et donc un interdit de tout espoir de liberté et de plein vivre. La vraie vie, celle de tous les rêves de tous les temps, celle qui devrait assurer l'épanouissement de la nature humaine dans toutes ses nuances, est annihilée *ante litteram* par l'étouffante et médiocre captivité de l'individu salarié.

L'aspect paradoxal de cette situation n'est pourtant pas dans l'objectivité de ces données, dans le fait incontestable d'une existence ouvrière traversée de fond en comble par l'effort, l'indigence, le déracinement, l'aliénation, le manque de joies. Non, le véritable problème, pour Lafargue, réside dans le fait que les victimes elles-mêmes courent au-devant de leurs propres malheurs. C'est le prolétariat, subjugué par des impératifs moraux prescrits par des savants au service du régime du profit, qui demande de toutes ses forces – parfois les armes à la main – d'être enchaîné aux outils de production, d'être figé dans cette forme moderne d'esclavage.

Le mépris explicite de Lafarge pour la bêtise humaine incarnée dans la configuration sociale du travailleur semble bien mal s'accorder avec sa conviction, politiquement fondée, d'une classe ouvrière porteuse de la félicité sur terre. Mais l'auteur ne songe pas un instant à se laisser enfermer dans un imaginaire populaire qui fermerait la porte à toute issue émancipatrice. Au bout du compte, sa foi marxiste – pour lui sa foi dans l'homme – est inébranlable, et, d'un trait de plume clair et concis, il s'applique à démystifier les vérités qui se cachent derrière les vertus présumées, à redonner la vue à ces hommes qui se meuvent en aveugle.

Salariat et régime pénitentiaire vont la main dans la main, ils ont la même généalogie. L'origine du second se trouve dans la nécessité de produire la main-d'œuvre adaptée à la demande de l'usine mécanisée. Les *workhouses* du XVIIe siècle sont en effet de véritables lieux de réclusion voués à la formation de la force de travail, et par là les prototypes de l'usine – et, Michel Foucault le montrera cent ans plus tard, elles sont la pierre angulaire de cet univers disciplinaire dans lequel nous sommes tous engloutis. Prétendre au travail au nom de la liberté ? Quelle dérision ?

La concision et la souplesse critiques de Lafargue ne laissent indemnes aucune des valeurs reconnues. Le dieu Progrès, identifié comme le descendant direct du travail, où il trouve nourriture et justification, est ainsi dénoncé comme parrain du malheur. Le même sort est réservé aux droits de l'homme, cet acquis des Lumières qui ne dessine la dignité humaine que sur fond d'exploitation et d'abstinence (Et ces principes supposés libérateurs sont repris tels quels dans nos lois fondamentales, qui constitutionnalisent le droit au travail comme pilier des droits de l'homme). Le développement technologique n'est pas plus épargné, car, dans la lignée de ce même Progrès dont il est l'une des unités de mesure, il finit par faire obstacle au respect du bonheur des peuples : au lieu de réduire le temps de travail de chacun, il jette simplement hors du marché les bras qui ne lui servent plus ; au lieu de mettre sur une table commune les fruits de son efficacité, il engendre la crise, l'exportation de ses surplus et de ses méthodes chez d'autres groupes humains dont l'identité sera vite effacée sous la férule du modèle occidental.

Tout cela, Lafargue le dit sans relâche. Il critique la myopie de la classe ouvrière qui, soumise à une double aliénation – se tuer de fatigue et végéter dans le désœuvrement – s'empêche de prendre parti dans la crise de surproduction : au lieu d'en tirer avantage et de revendiquer plus de temps libre, plus de biens de consommation, elle s'abaisse à pleurnicher pour une embauche qui, de ce fait même, se dévalue chaque jour davantage.

Une fois ces évidences mises en lumière, l'utopie confiante de Lafargue se déchaîne dans une fresque où les bourgeois deviennent des marionnettes pour une représentation collective aux rôles renversés et où le prolétariat, après la conquête de ses trois heures de travail par jour et d'un niveau de consommation effrénée, rencontre enfin le parfait bonheur.

Certes, l'excitation de la lecture retombée, les raisons et les attentes de Lafargue nous laissent dans le doute, pour des motifs dont certains me paraissent d'importance : l'expérience et la fin du communisme d'État ; les pièges d'un capitalisme qui a vite compris l'enjeu des loisirs et de la consommation, dont il gère désormais à son profit la constitution et l'usage ; le niveau de vie instauré par la démocratie libérale.

Mais ces réserves n'empêchent nullement de constater que bien des questions majeures posées par Lafargue sont encore loin d'être résolues. La crise et ses séquelles, devenues une manifestation structurelle constante de nos systèmes productifs, demeurent sans solution et relancent avec force la contradiction entre la découverte scientifique et ses effets.

Les experts affirment que la troisième révolution technologique a multiplié par quatre la productivité dans les pays les plus industrialisés. Ils en tirent la conclusion que le temps de travail salarié, à condition de mieux le distribuer et d'en organiser différemment le partage, pourrait se limiter à une durée de deux heures – moins encore que les trois heures préconisées par Lafargue ! Or, il n'en est rien. Si discussion il y a, elle n'est qu'un balbutiement autour des fameuses 35 heures – une mesure qui ne relève certainement pas le défi lancé par les « sans emploi » et qui manifeste, une fois de plus, que la culture de la performance et du productivisme, en un mot l'idéologie du travail, manque des outils et du courage nécessaires pour résoudre de façon décisive ce problème. Outils et courage intellectuels, au contraire, ne manquaient pas à Paul Lafargue qui, avec *Le Droit à la paresse*, nous a légué un bijou que certains de nos contemporains veulent bien considérer avec une sympathie amusée, et ils en restent là. c'est qu'il n'est guère opportun de trop bouleverser notre petit potager des idées reçues.

GIGI BERGAMIN

Vie de Paul Lafargue

15 janvier 1842. Naissance de Paul Lafargue, à Santiago de Cuba.

1851. La famille Lafargue s'installe à Bordeaux, où le jeune Paul fait ses études secondaires et mène une vie bourgeoise.

1861. Études de médecine à Paris. Lafargue fait alors partie de la jeunesse républicaine qui s'oppose au second Empire et dont Proudhon est le maître à penser. Collaboration à *La Rive gauche*, journal proudhonien de Charles Longuet.

1864. Adhésion à l'Association internationale des travailleurs créée à Londres.

1865. Après avoir participé au premier Congrès international des étudiants, à Liège, Lafargue est exclu des universités de France pour deux ans. Il émigre en Grande-Bretagne.

1866-1867. Membre du Conseil général et correspondant de l'Internationale des travailleurs pour l'Espagne, Lafargue collabore à *La Rive gauche.* Il se rapproche de Karl Marx, dont il devient le secrétaire et un correspondant régulier.

1868-1870. Mariage avec Laura, seconde fille de Marx, le 2 avril 1868. En septembre, il est réélu membre du Conseil général lors du Congrès par le congrès Bruxelles, où les thèses de Marx sont acclamées. Rentré en France à la fin de 1868, il adhère à la section de l'Internationale de Vaugirard, collabore à *La Marseillaise* et à *La Libre Pensée*, où il milite pour l'anticléricalisme et l'émancipation des femmes.

1871. Après l'écrasement de la Commune, à laquelle il a pris une part active, Lafargue est contraint d'émigrer. Il se rend en Espagne où, d'abord emprisonné, il va mener, en compagnie de Pablo Iglesias, « des luttes épiques contre la direction bakouniniste », écrit Maurice Dommanget. Son action et celle de ses camarades conduiront à la création d'une Fédération madrilène, qui sera à l'origine du Parti socialiste espagnol.

1872. Après le dernier congrès de l'Internationale, à La Haye, Lafargue et sa femme retournent à Londres.

1873-1880. Décidant d'interrompre l'exercice de la médecin, Lafargue exerce la profession de photolithographe. Le couple Lafargue vit des jours difficiles, en dépit de l'aide que lui apporte Engels. Contacts étroits avec Marx. Début d'une amitié durable avec Jules Guesde, qui vient de lancer un journal, *L'Égalité*, où *Le Droit à la paresse* est publié en feuilleton.

1881-1882. Rentré en France après les lois d'amnistie, Lafargue contribue, avec Jules Guesde, à la création d'un « parti ouvrier ». Outre ses contributions à *L'Égalité*, il collabore à *L'Émancipation*, au *Cri du peuple*, au *Socialiste*... Sa vie et celle de Laura s'identifient alors avec celle de Parti ouvrier. Lafargue travaille pour la Fédération du Centre et assure les liaisons avec les groupes des différentes provinces. Avec Jules Guesde, il multiplie les meetings en province. Il est surveillé par la police, et sa vie politique est ponctuée de séjours en prison.

1883. Condamné à la suite de conférences dans l'Allier, il est incarcéré à la prison Sainte-Pélagie. Il en profite pour écrire.

1885. Député de Lille, il s'élève contre la participation des socialistes au gouvernement.

1886-1887. Lafargue, désormais considéré comme l'économiste et le philosophe du parti, publie en feuilleton, dans *Le Socialiste*, *La Religion du capital*. En tant que secrétaire du Comité national pour l'étranger, il a des rapports fréquents avec les autres pays au cours des congrès socialistes.

1887. Face à la Ligue des patriotes de Boulanger, les courants socialistes sont divisés sur les actions à mener.

1889. Échec de Lafargue aux élections. Dissolution de la Ligue.

1891. À la veille du 1er mai, Lafargue et Guesde animent des réunions dans le Nord, aux environs de

Fourmies, où, lors d'une manifestation ouvrière, la police ouvre le feu sur les travailleurs. Bilan : neuf morts, soixante blessés. Condamné pour « complicité », Lafargue est enfermé pour un an à Sainte-Pélagie. Mais, au soir du 8 novembre, il se retrouve libre, élu député par les électeurs du Nord.

1893. Battu aux élections, il abandonne l'action parlementaire.

1902-1910. Après la fusion entre le parti de Guesde et celui de Blanqui, Lafargue consacre son temps au Parti socialiste de France, où il représente l'extrême gauche. Il correspond alors avec de nombreux journaux, comme le journal allemand *Neue Zeit* de Kautsky, *L'Ère nouvelle* ou *Le Devenir social*.

1911. Paul et Laura Lafargue se suicident durant la nuit du 26 au 27 novembre, dans leur villa de Draveil, en région parisienne. « Sain de corps et d'esprit, écrivait-il, je me tue avant que l'impitoyable vieillesse qui m'enlève un à un les plaisirs et les joies de l'existence et qui me dépouille de mes forces physiques et intellectuelles ne paralyse mon énergie, ne brise ma volonté et ne fasse de moi une charge à moi et aux autres. »

Repères bibliographiques

Ouvrages de Paul Lafargue

Il est difficile de se procurer des ouvrages de Paul Lafargue, mais les titres suivants peuvent se trouver dans les bibliothèques :

- *Le Programme du Parti ouvrier, son histoire, ses considérants, ses articles* (en collaboration avec Jules Guesde), Paris, 1883.
- *La Religion du capital*, Paris, 1887.
- *Pie IX au Paradis*, Lille, 1890.
- *Le Déterminisme économique de Karl Marx*, 1909.
- *Correspondance Friedrich Engels, Laura et Paul Lafargue*, Éditions sociales, 3 vol., 1956.
- *Textes choisis*, introduction et notes de Jacques Girault, Éditions sociales, Classiques du peuple, 1970.
- *Le Droit à la paresse*, édition de Maurice Dommanget, François Maspero, 1969.

Études sur Paul Lafargue

- GIRAULT (Jacques), « Une opération de diversion : l'instrument du procès Lafargue-Culine en 1891 », in *Le Mouvement social*, octobre-décembre 1969.
- MAITRON (Jean), *Dictionnaire biographique du mouvement ouvrier français*, tome VI, Paris, Éditions ouvrières, 1969.
- WILLARD (Claude), « Paul Lafargue critique littéraire », in *Le Mouvement social*, avril-juin 1967.

La Petite Collection des éditions Mille et une nuits

En 1993, les éditions Mille et une nuits lancent un concept éditorial révolutionnaire : « le livre à 10 francs ».

Dès la parution du premier volume de la Petite Collection, le succès est immédiat : la *Lettre sur le bonheur* d'Épicure se vend à plus de 100 000 exemplaires.

Depuis, plus de 600 titres ont été publiés : textes essentiels, propositions éclectiques dans les domaines de la littérature, des beaux-arts et des sciences humaines, depuis l'Antiquité jusqu'à nos jours, écrits méconnus de grands auteurs ou textes puissants d'auteurs injustement oubliés.

Accessible à tous par son prix et son format, la Petite Collection s'adresse aux curieux, lecteurs occasionnels ou avertis, esthètes. Elle présente des livres réjouissants, beaux et bons à la fois.

Depuis mars 2020, vos libraires participent à la programmation éditoriale de la Petite Collection. Ils choisissent avec nous, éditeurs, les nouveautés et leurs couvertures. N'hésitez pas à leur faire part de vos envies de lecture !

UN LIVRE A LE MÊME PRIX PARTOUT

Composition réalisée par Belle Page

37.7040.2/04
Achevé d'imprimer en juillet 2021
par La Nouvelle Imprimerie Laballery (Clamecy, France).
pour les éditions Fayard, 3 rue du Montparnasse, 75006 Paris
Dépôt légal : avril 2020 - N° d'impression : 107499

PAPIER À BASE DE FIBRES CERTIFIÉES

Fayard s'engage pour l'environnement en réduisant l'empreinte carbone de ses livres. Celle de cet exemplaire est de : 0,150 kg éq. CO_2 Rendez-vous sur www.fayard-durable.fr